Verbum POESÍA

SALMOS DE LA MATERIA

Fernando Operé

FERNANDO OPERÉ

Salmos de la materia

Prólogo
EVANGELINA RODRÍGUEZ

EDITORIAL **V** *Verbum*

© Fernando Operé, 2000
© Editorial Verbum, S.L., 2000
Eguilaz, 6, 2.º Dcha. 28010 Madrid
Apartado Postal 10.084, 28080 Madrid
Teléfono: 91-446 88 41 - Fax: 91-594 45 59
E-mail: verbum@globalnet.es
I.S.B.N.: 84-7962-146-X
Depósito Legal: M-7961-2000
Diseño de cubierta: Pérez Fabo
Ilustración de cubierta: Melozzo da Forli,
El Angel Músico (fragmento)
Fotografía: Bruce Johnson
Fotocomposición: Origen Gráfico, S.L.
Printed in Spain/Impreso en España por
Tecnología Gráfica

Todos los derechos reservados. No se permite la reproducción total o parcial de
este libro, ni su incorporación a un sistema informático, ni su transmisión en
cualquier forma o por cualquier medio, sea éste electrónico, mecánico,
reprográfico, gramofónico u otro, sin el permiso previo y
por escrito de los titulares del copyright.

6

ÍNDICE

Ensayo en otoños

*A Carrie, Philip, Peter y Camila
en Charlottesville, Virginia.*

El gozo de lo real

Primero Fernando Operé se coló en el bolsillo de Supermán en unas (afortunadamente) falsas *Despedidas*. Después buscó por todos los tragos de la vida a *Betty Blue*. Y hace poco se columpió en la poesía fieramente humana, siempre impregnada de olores de tierra y mar de un *Acróbata de ternuras*. Ahora Fernando Operé, el amigo, el poeta, *me escribe que le escriba*. Me obliga a extender mi cuerpo y mi miente por la provocación creativa. Me obliga a envidiarle y a acompañarle en una especie de viaje en dos direcciones: dentro y fuera de él (tal vez dentro y fuera de mí). Porque *Salmos de la materia* es un viaje o *anábasis*. Es una travesía que sólo puede realizarse cuando el hombre y el poeta han adquirido esa tierna pero firme seguridad que sólo da la madurez. No sólo dominando el castigo del tiempo (pues es del tiempo de lo que se habla, de sus gozos y sus sombras) sino el de la palabra. Unico elemento éste que hace crecer y detenerse a aquél a voluntad. En todo caso, admira a quienes hemos tenido el privilegio de seguir el apasionante camino de su escritura, ver la sutileza firme con que su poesía ha ido creciendo en asombrosa y radical sencillez primitiva. Y sin embargo (pues siempre hay trampas en la sencillez) cómo ha ido enriqueciéndose en sugerencias, en reflejos, en prodigioso trabajo poético.

La elección de Fernando Operé es clara desde el principio: sus poemas no vienen de la niebla de la incomunicación. La palabra no es un disfraz o una cortina sofisticada para la realidad. Su poesía golpea y domina el lenguaje llevándole a una narratividad casi transparente. Si en los tres primeros libros Fernando Operé estaba saliendo de su particular caverna platónica, debatiéndose frente a un muro en el que iba reconociendo poco a poco una realidad, ahora ya ha salido al exterior. Y lo ha hecho de cuerpo y mente enteros, hombre radical e íntimo, trágico e irónico, sensual y asceta, epicúreo y esforzado atleta de solitarios maratones. Digámoslo sin rodeos. Su línea es la que siempre ha dado razón de ser a la poesía, tradición cernudiana, kavafiana, becqueriana: esa que siempre se ha empeñado en la no restricción del flujo pasional. La que impera por fin en una posmodernidad sin complejos culturalistas, en un intimismo liberado de la obsesión retórica y del sofisticado menester de las vanguardias y de los *Novísimos* españoles. Diré más (buscando yo también la provocación), *Salmos de la materia* supone la culminación de una característica que Fernando Operé lleva en sí, acaso sin saberlo: la de ser profundamente *nietzscheano*, si es que recordamos, precisamente, aquella afirmación de Nietzsche: "Los poetas carecen de pudor en lo que se refiere a sus vivencias: las explotan". La tenacidad intimista con la que se manifiesta Fernando Operé busca, más allá de cualquier verdad moral o intelectual, la aspiración neorromántica de hacer frente, con radical embestida, al tecnicismo racionalista que una parte de la llamada modernidad pareció, durante un tiempo, querer imponer.

De ahí que el suyo sea un yo integral en el que se han fundido conscientemente el deseo y la realidad (no siempre escindidos de manera atormentada y dolorosa). La realidad se nos muestra porque es una poesía de contundentes objetividades: vida, tiempo, familia, cotidianidad, a veces la díada naturaleza/sociedad. El deseo resplandece en una inocultable voluntad de transformación y utopía: la entrega a las sensaciones, a los sentidos, la hermosa moral vitalista que nos salta a los ojos desde sus líneas ("amo esta vida, aunque/ con maña me confunda"). Ello es posible por la absoluta diafanidad que Fernando ofrece en su aprendizaje poético, la gestión de sí mismo como individuo desarraigado, en un obligado aislamiento de tentaciones poéticas o de modas al uso. Unos versos de Gil Biedma lo explican muy bien:

> En los buenos años de mi juventud
> los años de la abundancia
> del corazón, cuando dejar atrás padres y patria
> es sentirse más libre para siempre...

Lejos de la poesía española creada en contradicciones y devaneos culturales en los sesenta y setenta, Fernando sorbe las verdades antiguas de la poesía, los maestros indicadores del sentimiento, de la tradición, de la pureza comunicativa: Celaya, Otero, Machado, la duda temblorosa entre las generaciones del 27 y del 36 (Neruda, Aleixandre, Guillén y su contemplación serena y dramática del tiempo y del amor). Más allá o más acá, la mesurada reserva intelectual de la generación del cincuenta que acaso Fernando Operé recibe por afinidad moral y ética más que por filiación literaria. Y en la forma, aparte de los resortes neotradicionales que luego veremos, el balbuceo tímido e irónico de las enumeraciones sorpresivas, de la fragmentación de imágenes al estilo de la greguería. Confesaré que me emociona sobremanera su absoluta conciencia del costoso deber de hacerse poeta: el imperativo de buscar el equilibrio entre la exaltación personal y las sencillas y serenas materialidades con la que la vida se nos entrega. Ha tomado conciencia de las dos actitudes que construyen la esencia poética. Por una parte la actitud lírica (hacerse héroe de las propias emociones, elevándolas casi a la categoría épica personal). Por otra, partir de una actitud de juego irónico o del distanciamiento: reconocer las dimensiones de la experiencia individual, por humilde que sea.

Con esta doble actitud se captura la belleza, que no es otra cosa que el gozoso triunfo de lo objetivo rebelde a toda forma de enajenación de lo real como se muestra en "La tarde en Imbabura":

> El verde es tan verde
> y tan flor el geranio.
> El árbol tan árbol
> y lógica la tarde
> que el misterio parece desvelarse
> en sus simplezas más finas:
> la vida es un patio de flores,
> la muerte un extenso mar sin luna.

En tal caso, claro está, es dura y difícil la labor del poeta, como nos explica en "Ilusión":

> Busco un acto puro, fijar
> un acto de amor, perfecto.
> Pero lo bello, como lo amado,
> se resiste ante la vana
> intención de preservarlo.

Y, sin embargo, para eso se entregó la poesía al hombre, para reconducir la palabra a la morada de lo exacto, para romper la soledad del lenguaje, la absurda opacidad de mucha poesía de vanguardia, aquélla que obligó a algunos poetas, como Juan José Romero Cortés, a recordar que el lenguaje es el arrepentimiento de ser exactos en el silencio. Fernando Operé rompe tal velo y trabaja la palabra, por supuesto. Lo hace a veces con una interrogante ironía. Habla de "tardes de barro" y de "trepanar la ilusión". Define los pájaros como "brindis del árbol" y el rabo de un gato como "un festoneo o esgrima de ritos". Pone "huesos en la cruz de la tarde" y "encorbata" la angustia. Para él un espejo es "paciencia receptiva" y el crepúsculo puede ofrecerse "en tajadas". No es pues que su poesía no responda a la pasión de construir un lenguaje. Lo que sucede es que, como el escultor clásico, piensa en que la creación está en quitar materia y no en añadir, en dejar la palabra brotar y no en adherirle más elementos que el ritmo.

Todo dominado desde el yo poemático que aparece con fuerza en casi todos los poemas, desde un fugitivo y distante *él* al principio. Ese *yo* invoca el deseo, la aspiración, se convierte en una fusión panteísta con la naturaleza, en "garganta para los salmos". Pero no se basta. Como Machado decía: "No es el yo fundamental/ eso que busca el poeta,/ sino el tú esencial". Por eso una de las sorpresas de la poesía de Fernando es su carácter liberador, constantemente interrogativo respecto a respuestas en las que el lector, sin remedio, debe implicarse:

> ¿Y si no fueran las sombras?
> ¿Y si nunca lo he soñado?
> ¿Y si es alto, más alto?
> ¿Y si tierno, tan tierno
> que envuelve, anida,
> trepana?
> ¿Y si es ancho, múltiplo,
> señor de todos los heridos,
> propietario último de los muertos?
> Y si es todo eso ¿en quién creeré?

Para responder a esta poética de la interrogación se dispone el libro en dos partes. La primera (*Alto alto como un pino*, la frescura del título arrastra toda una suerte de sugerencias de vuelo místico, cambiando los cedros del Líbano por el verde de una nunca extinta Sierra de Guadarrama en el recuerdo) es, sobre todo, una reflexión sobre el tiempo, desde un nacimiento iniciático hasta las sombras, vencidas, de las dudas de la madurez. El tiempo es una inmaterialidad silente hasta que se percibe desde la hechura humana. Entonces cunde la prisa por hacerlo tangible. Se nos dice que "es liviano", que es "un tiempo sin ruido", que se abrazó a la juventud con la soberbia del gavilán ("pasión de pecho libre/ y dentadura de olvido"). De repente el tiempo se escinde entre esa objetividad ajena que nos envuelve y nuestra percepción de él. Como en la filosofía bergsoniana, es *tiempo* ajeno, pero es también *duración* personal y propia, quiere atraparse a través de cosas materiales que nos encierran en cápsulas de medida humana. Un pan (objeto cálido) puede conjurar esa sensación escapante de un tiempo que no se puede medir y comprender más que a través de la redondez de las sensaciones:

> Pan para celebrar
> el despertar de un día,
> esa estructura prolongada
> cuya realidad no entiendo.

La naturaleza es el armisticio que se precisa para conjurar ese tiempo, para trasladarse al *quanta* beatífico del que hablan, solemnes, los sabios de la física (esa dimensión en la que el tiempo no existe, la utopía):

Tiempo extraño, peregrino.
No acierto a detener la ola,
los nimbos del verano,
menos aún, el vendaval frenético
de los acontecimientos,
las llamadas telefónicas:
hola, hola, ola va, ola viene.
Los ojos se confunden
en ese transcurrir desazonado.
"Espero verte pronto".
"Nos quedamos sin horas".
Así que miro un lago,
la risa de un arroyo, el quehacer
rutinario de la hoja, su alta
vocación fotosintética, el bosque,
su verdoso plumaje, el muy álgido,
muy serio, muy planeta, y algo
atemporal, por un instante,
se desprende del alma del paisaje.

Cuando se comprende la sabiduría del tiempo y su transcurrir se posee el misterio de la continuidad entre la naturaleza, el cuerpo y la palabra (es decir, la poesía):

Una mano
injerta otra mano.
Un otoño
da pie a un invierno.
Un día,
cargado de quehaceres,
se prepara
para la inmensidad imprevisible:
las manzanas
en su voluntad de fruta,
las palabras
en su rito de garganta.

El tiempo nos arrastra a perseguir la utopía, siempre atrapada por el recuerdo del mar ("imposible punto/ al que siempre regresamos") y a acceder, en éxtasis de atletas, a la madurez que da formas redondas a los días, que da mesura a las palabras que se aprendieron a pronunciar. *Alto alto como un pino* es una gozosa autocomplacencia en el tiempo negativo vencido. Es asumir el privilegio de la madurez que nos ha enseñado a crecer en los sentidos, a vincular los recuerdos con la gramática de los sentimientos:

> Y si mucho sufrí
> la piel recuerda
> un pan bien horneado
> en sus cortezas.

Por eso la anécdota, la historia personal (la intrahistoria si se quiere) se desata e instala sin rubor como objeto poemático. Es, por ejemplo, la lectura, sostenida desde una especie de "beato sillón" guilleniano. Es el chapuzón en el fragor del verbo, en el triunfo cervantino de las letras "mientras el tiempo se detiene amable/ y me saluda con su sombrero de ala". O es la lluvia de detalles cotidianos: el registro del desayuno, la placidez amancebada de los libros, el lento quehacer de los pucheros y la vuelta a los demonios de la pasión de la fidelidad ilegítima en la que a veces se suicida lo cotidiano. Es, sobre todo, el paisaje y la naturaleza que no sustituye sino que constituye la historia, en el *alrededor* con nombres que, en definitiva, se elige como ética vitalista.

> Si hay otra no lo sé.
> Esta tiene gatos y pájaros
> y río, añil misericordia

de las tardes, violetas
de cuaresma, dulzuras
de amarillo.

La fusión vitalista, beatífica (ser feliz es una forma de sabiduría) con el entorno lleva a un giro copernicano en el punto de vista poético. Porque, de repente, se deja de contemplar la naturaleza para que sea la naturaleza la contempladora de nuestra cuajada ignorancia, el frágil microcosmos del hombre. Es un nuevo sentir, el vegetal, el primitivo, el regreso al origen que nos separa de lo construido, de lo artificioso, de lo cultural y de lo literario:

Cuántas otras consideraciones,
metalúrgicas, diplomáticas,
filolingüísticas, ocupan
el rencor de tu dicha.
Pero, presta atención al aire,
sus alas de flautas soñadoras,
su profesión viajera.
Escucha la susurrante quietud
de la piedra, la alegría de las hojas
de los dorados abedules.

Como una ofrenda a sí mismo y a sus lectores, Fernando Operé inscribe en su poesía el fervor primitivo y natural. Y lo hace por medio de lo único que puede conseguirlo: la sensualidad de las imágenes trabajadas, cinceladas para dejarlas casi desnudas ante nosotros en su acuidad de sensaciones, en un flujo que atañe a todos los sentidos. Nacer es seguir el rastro dulce "de un pezón lechoso"; el mar ofrece "alfabetos de espumas/ hirientes y cortantes". Se ríe con los cerezos y se descansa en "cuartos blancos de almendra". El viento tiene tacto y la sombra se derra-

21

ma "húmeda/ en la tierra prieta". La dicha "unta la mañana", mientras la tierra exhala "su sabor a horno/ donde todo, quedo, se cocina". Y cuando se emigra hacia otro cuerpo las faldas son de hojaldre, las piernas de trigo y el olor de laureles.

Junto al tiempo, a tavés de los ojos de esta sensualidad complaciente y no negada al erotismo, esta primera parte del libro aborda rabiosamente el tema del amor. La entrega en desnudez será el único modo de vivir sin muertes "esquivando el terrible calendario". Pero es también una forma de ardua enajenación, de abandono del ser en un éxtasis de muerte (véanse poemas como "Inundación" o "Sin desayuno"). En cambio, otras veces, se vuelve a la querida materia, a confundir el amor con un sueño de artesano que modela:

> Pues quisiera en verdad ser artesano
> y comprender tu esencia y tu materia,
> te pinto, pulo, te cincelo, masa amorosa,
> y el producto de arcillas y sudores
> es la copia inexacta de otro templo.

Se define el amor como el contexto indescifrable "en la gran mortaja del sexo", pero el sexo es magia lúcida y lúdica que antagoniza los dos extremos del hombre (y, por tanto, el tiempo):

> Al final, es la ardiente
> gravitación del amor,
> un cuerpo como un mar océano
> y la magia del sexo;
> resurrección y muerte.

La segunda parte del poemario (*Ensayo en otoños*) supone un reposo de la epifanía utópica del recorrido iniciático anterior.

La feracidad otoñal no oculta cierta congoja por una naturaleza amenazada. Asistimos a una mayor opacidad y a los repliegues de un dolor indefinido (poemas como "Decepción"), marcándose -aquí sí- una frontera nostálgica entre la realidad y el deseo. Así en el poema "Tierra y mar", con esa separación tan emblemática entre la utopía de un "abanico acuoso", de la dulzura salada de los "momentos sin tiempo" y la tierra con sudores concretos, con el dolor impotente de las rejas, con la muerte. Es también interrogación por el futuro ("Cuándo será el otoño/ luz expectante?/ ¿Cuándo los brotes tendrán señeras/ y la impaciencia canas?"). Y es, sin embargo, la circular plenitud de la madurez, siguiendo con una permanente meditación del tiempo:

> la perfecta gracia
> de un día circular,
> sin ayes ni reclamos,
> día para mostrar el resplandor
> de nuestros maduros cuerpos.
> Oye la voz serena, la sensatez rotunda
> de la conversación entre los álamos,
> del gran día sábado descansando
> en su perfecto calendario.

Asistimos a un otoño vivaldiano: ese recuerdo del color de violín que imponen los colores barrocos de la estación. Esta segunda parte del libro se remansa en la nostalgia de una belleza que se define como arcaica. La palabra se repliega hacia sí misma, hacia su constructor que se esfuerza por no definir como melancolía lo que es, sin duda, una derrota, momentánea, frente a la misma. Es un libro de adioses provisorios ("Irresoluble ecuación del corazón/ que siempre resistió/ la más breve de las despedidas"), pero que precisamente, intentan cerrar un duelo con la vida, con el pasado, con el desarraigo o con los recuerdos irrecuperables:

> Me voy, que es mi materia,
> con sabor de fruta,
> sereno y triste.
> Hay siempre que ensayar
> estos adioses
> que es difícil el duelo
> y la derrota.

Es la muerte y su vencimiento en una lucha tenaz contra el olvido como forma de segundo nacimiento o como forma de continuidad en la tempestad de hojas en la que continúa la vida (el padre es ya un sueño de moneda, la madre una nube de ternuras en el bellísimo y sentido poema "Tardía orfandad"). Con esta lección definitiva de la vida , para la que sólo el Otoño nos gradúa y acicala intelectualmente, Fernando Operé hace transcurrir su escritura por la reivindicación de un derecho, ciertamente poco frecuente en la poesía de los últimos años: el derecho a escribir una poesía moral, basada en la experiencia humana. No, claro está, moralista ni didáctica. Ni siquiera sentimental. Más bien se trata de lección reciamente emotiva para los que caminamos, con asombro imparable, por la edad de plata de uno mismo. Al cabo, se descubre (y qué bien nos lo enseña este maratoniano salmista de Virginia) que la vida es un paso desde el epicureismo de los sentidos al neosenequismo de la sonrisa de más allá de los cuarenta años:

> Que yo nací un día,
> es por seguro. Que moriré
> despacio, es cosa grave.

Que me iré sin respuesta,
bien lo intuyo.
Alegremos pues la barba,
amigo Tico,
y vivamos en hombre.

Gusta desde antiguo este poeta de la superstición de la rima, de las asonancias y hasta de una ciega glosolabia interna de retruécanos y sibilantes ("caricias sin codicias", "resplandor lascivo de los adoquines ebrios"). Su poesía es íntima, pero, por lo mismo, es *recitadora* de esa intimidad. Se expresa en resonancias arcaicas (en a/e, en e/o) y, en ocasiones en ritmos populares. La bondad de las imágenes se hunde aquí en el puro fraseo expresivo. Otra vez la tarea poemática ha consistido, sobre todo, en quitar y extraer hojarasca de las palabras y de los ritmos. La suavidad acrobática de las hojas marcan el ritmo, lo que ya se había apreciado en el prodigioso poema "La última acrobacia". Es el tardío y necesario homenaje a un neopopularismo que jamás desapareció de las corrientes poéticas de este siglo. Poesía popular sin acarreo fácil de estilo imitado, tradición pero sin retorno innecesario. Como dijera una vez Juan Ramón Jiménez respecto a *Marinero en tierra*, poesía ágil, rendida y parpadeante.

Y cierro el libro y aún percibo la brisa de la atalaya de pinos en la que Fernando Operé me invitó a instalarme. Al trepar a su altura he dejado mi horizontal aburrimiento de extrañas palabras eruditas que recito ante alumnos solemnes. Leer poesía inquieta, eso sí. Una cree que distribuye sensaciones críticamente pero lo que hace es acumular necesidades. Sed de palabra. Acaba fusionándose con quien escribe o ha escrito esas palabras. Asiste no a su lucidez última sino a su primer desconcierto. Dice otro poeta, también amigo mío, que escribe cuando no acaba de saber lo que le pasa ni el por qué, cuando la pasión se le convierte en conciencia. Sucede tal vez que la lectura de la poesía de Fernando Operé me hace experimentar la sensación contraria: la conciencia se me torna pasión, y aspiro, como creo que él aspira en *Salmos de la materia* a construir una realidad en que sea posible la conciencia de ambas. Poesía que ha dejado cosas por el camino y que ha tenido la valentía de ejercer ese ascetismo maratoniano y ejemplar. Jaime Gil de Biedma evocó una vez "el reino ordenado, grande y misterioso de la terrena realidad", el único capaz, por otra parte, de hacer soñar con un mundo mejor. Cantera inagotable de lo objetivo, de la tierna ironía y de la paradoja sagaz del hombre en el feraz otoño de su existencia, este libro de Fernando Operé le expresa a él mismo pero también nos expresa a todos en ese camino o *anábasis* de la vida, por el que estamos gozosamente condenados a transitar. Aunque carezcamos de sus sandalias de atleta de las palabras con las que, de cuando en cuando, nos enternece y emociona.

EVANGELINA RODRÍGUEZ CUADROS
Universitat de València

ALTO ALTO COMO UN PINO

El nacimiento

Cuando subió a la falda
del fondo del silencio,
tan sólo era un suspiro
en el mar de su cuerpo.

De bolsillo a cintura
gateando en el talle,
siguiendo el rastro dulce
de su pezón lechoso.

Liviano el tiempo era,
gozoso el cuerpo húmedo.
Subir desde su vientre
alzándose a la boca,

ajeno al remolino
de huérfanos del mundo,
alfabetos de espuma
hirientes y cortantes.

Intuyo ese vagar
por el cuerpo de aromas,
como una noche incierta
en un tiempo sin ruido.

Cuerpo-ángel de candores,
inocente cópula,

como el tacto del viento
en el envés de la hoja.

Caricias sin codicias
en un lugar sin nadie,
clamor de la inocencia,
constancias de la ola.

Juventud

Nació sin ser sentida
pero creció muy recio.

Vino cuando la gente
parecía contenta

y paseaba en la plaza
cogidos de los brazos,

remolino de calles
con arcos y tabernas.

La recuerdo en la lluvia
y las tardes de barro,

trepanada ilusión
que nunca tuvo olvido.

¿Qué será de sus trenzas
y sus faldas de hojaldre,

de sus piernas de trigo
y su olor de laureles?

Juventud que llegó
cuando yo ya me iba,

con voz de queja tierna
y pasión de relámpago.

Juventud que se fue
tratando de ser grande

en butaca de raso
y pluma de decretos.

Juventud-gavilán
que nunca tuvo alcoba,

ni nadie encarceló
en purpúreas manos.

Fue triste, fue fugaz,
alegre y dulce aurora,

pasión de pecho libre
y dentadura de olvido.

Otras razones

Elogio el nacimiento
y a la muerte, la respeto.
¿Quién dirá que no estuve
aquí? ¿Quién colgará dudas
en mi chaleco y me llamará
frívolo amante, escritor de lamentos,
maestro de guardarropía?

Otros van al altar
y se quieren de rodillas.
Apuntan sus nombres
en los libros del bautismo.
Recuerdan con orgullo
el misterio que les aguarda
y dicen oraciones
y santas jaculatorias.

Pero yo sé que hay
otras razones que empiezan
en la frontera del sueño
y se propagan en misterio
azul, vegetal, doliente,
que duda cabe,
en carne frágil y misterio.

Se acabó la excusa,
al fin me digo:
amo esta vida, aunque
con maña me confunda.

Alto alto como un pino

Fuera yo un niño,
aprendiz de hombre,
y sintiera el ciego canto
de las sirenas urbanas,
la emoción ligera del estribo,
la vida toda y sus designios.

Fuera un cuaderno blanco,
página abierta, sandalias aún
sin pie, pantalones sin marco.
Fuera, lo que siempre fui,
garganta para los salmos.

Fuera yo una camisa
sin cuello, un pijama
sin sueño, cuchara sin plato,
y estuviese esperando
la medida, la emoción
de la marcha, el silbato
del ¡vamos!

Fuera un comienzo limpio,
un viaje sin tramos,
estaciones, paradas, pesadillas.

Fuera un nuevo nacer,
con placenta incluída,
sin confusos resabios.

Fuera alto alto como un pino,
tiernísimo tallo.

Es la vida

Se va de su pelo a cada rato
maullando su vacío.
Es mi gato.

Llega en concierto de pájaros
y son pájaros; golondrinas,
cardenales, gorriones del verano.
Y son el fresco anuncio.
Y son pena de amor,
ladrones de perfumes.
Y son brindis del árbol,
patita, pluma y ala,
pájaros pardos.

Se enreda en su alegría,
en su fugaz albedrío.
El rabo festoneando
en esgrima de ritos.
Perro, Cristo lo sabe,
centinela mío.

A veces me reclama,
amado, y yo la sigo.
Me acosa, me trabaja
con sus longevos minutos.
Me canta una canción escarlata,
la sangre en los abismos.

La alcanzo en un incendio.
La persigo.

Es la vida, mi vida,
a golpes, melódicos raudales,
a orgasmos, eso siempre,
y yo la sigo.

Si hay otra, no lo sé.
Esta tiene gatos y pájaros
y río, añil misericordia
de las tardes, violetas
de cuaresma, dulzuras
de amarillo.

Mis armas son sandalias
y el pie maratoniano,
moderno peregrino.

Al alba me convoca
—ay de aquel que no despierta—
y en la tarde, tras todos
los trajines, en la frente
me deja su martirio.

Se va y retorna.
Y yo, en bípedo, la vivo.

La promesa

Cuántas palabras caen en ti,
en tu nácar de exhausta caracola.
Cuántos designios y cuántas promesas.

Me acerco a tu oído, una vez más,
para ahuyentar los tibios presagios
que la distancia agiganta.
Para verter en tu tímpano-campana
una gota-palabra,
en tu membrana-oreja
una palabra-semen,
un mensaje con voz baritonal,
un limpio compromiso de amor
del que llama a una puerta
y vigila una alcoba.
Para decirte una dulce y madura promesa
de las que ríen con las cerezas
y las novicias muchachas
en los cuartos blancos de almendras.

El transcurrir

En la velocidad de la cigüeña
acarreando niños y despachándolos
en vientres o en sollozos.
En la lentitud del que espera
una mano sin dueño
para enjugar una lágrima.
En ese transcurrir está el misterio.

Tiempo extraño, peregrino.
No acierto a detener la ola,
los nimbos del verano,
menos aún, el vendaval frenético
de los acontecimientos,
las llamadas telefónicas:
hola, hola!, ola va, ola viene.

Los ojos se confunden
en ese transcurrir desazonado.
"Espero verte pronto".
"Nos quedamos sin horas".

Así que miro un lago,
la risa de un arroyo, el quehacer
rutinario de la hoja, su alta
vocación fotosintética, el bosque,
su verdoso plumaje, el muy álgido,
muy serio, muy planeta, y algo,
atemporal, por un instante,
se desprende del alma del paisaje.

Se trata de la alegría

Se trata de algo primordial,
más allá de la carne
y las fugaces dichas.
Se trata de la alegría.

Mi vecina de enfrente
me observa oblicua.
Hay un dolor ácido en su retina
y los visillos ocultan
incomprensión y miedo.

Y yo sigo con mi refrán
porque se trata de reír,
de abrir la boca riente
de llenarla de jazmines y de cantos,
vestigios de los años reidores.

Se trata de escuchar la alegre música
de las hierbas de marzo,
los claros alhelíes,
las amapolas de agosto,
el corazón enjaezado.

Se trata de ser feliz,
–peculiar sabiduría,
¿dónde te escondes?–
De considerar que ayer

se acostó el día
en sus brazos plenarios
y sentí la limpia luz,
la adorable frontera,
el latido primordial
de este planeta azul
en su humor cordial de bodas.

Vivir sin muertes

Vuelve el círculo diamantino
de la luz, oro con oro,
el esperado despertar del día.
Rubores de la espuma en la bañera,
sonrisa tras sonrisa.

Vuelves a adornar tu cuello,
orla con orla, a vestir tu alegría
con premura.
Las trenzas en el pelo,
lazo con lazo, reposando
en tu espalda, delicada hermosura.

Allí estás, frente al espejo, lunas
oscuras, con una curva de sí
en la cintura, y el triángulo del pubis,
calor geométrico, invitando
al encuentro, mariposa oculta.

Triunfante juventud con que te adornas,
desnuda de presagios, identidad pura,
que es virtud de tu edad
vivir sin muertes, ágil, ligera,
esquivando el terrible calendario.

La tarde en Imbabura

Es tanta la quietud
de la tarde que el asno
se enreda en su trasiego.
Mueve las orejas rebuscando
en los ruidos que se van
por la altura de las nubes preñadas.

El verde es tan verde
y tan flor el geranio.
El árbol tan árbol
y lógica la tarde
que el misterio parece desvelarse
en sus simplezas más finas:
La vida es un patio de flores,
la muerte un extenso mar sin luna.

La lectura

A Jean Cargile

Pausadamente, con algo
de feliz cansancio,
me recuesto en este libro,
en el rellano, donde antes
devoraba hojas piadosas,
biblias ajenas, cuentas agrias
del diccionario político.

Lo hago mansamente
con ojos satisfechos,
mientras el tiempo se detiene amable
y me saluda con su sombrero de ala.

Oh momento querido en la butaca,
en la mitad del segundo,
en la pupila, en el fragor
del verbo, entre sonadas rimas
y grabadas leyendas.

Plácidamente, desciendo los peldaños
y me sumerjo en este instante
del triunfo de las letras,
cruzadas fantasías.
Me abandono al goce
de una historia, con alegría,
sin altas pretensiones,
en un cuerpo que nace.

Sueño de artesano

En volumen, un grano apenas, una miga,
tu cuerpo entre mis manos, cuento errores,
materia es, si la tiene, con vocación efímera,
densidad de arco iris y ruiseñores.

En corazón, heme aquí contando la medida
del barro, la cadera, del deseo,
altura inquebrantable del modelo,
ingenuidad de alfarero en la premisa.

Pues quisiera en verdad ser artesano
y comprender tu esencia y tu materia,
te pinto, pulo, te cincelo, masa amorosa,
y el producto de arcillas y sudores
es la copia inexacta de otro templo.

Pan

Pan,
pan candeal,
pan húmedo,
pan seco,
pan.

Pan querido
que él cortaba con un rezo,
pan de la encía y del diente,
pan tierno.

Pan para untar con mantequilla
y zambullir en el cuenco
grande de leche hervida.
Pan reconfortante,
pan sereno.

Pan redondo amasado
en la cocina, en la tahona,
con el placer de los dedos.

Pan para celebrar
el despertar de un día,
esa estructura prolongada
cuya realidad no entiendo.

Pan para el hambre, sin más,
del hambriento,
de los que sufren,
de los que no tienen pan.
Pan para ellos.

Pan blanco,
pan tostado,
pan moreno.

Pan con agua, y a veces,
pan con cielo.

Pan de la vida y la gracia,
pan musical del pandero.

Continuidad

Calidad de la lágrima,
su salobre dulzura.
Luz derramada
en la tierra prieta.
Qué agradecido el suelo!
Qué tímido aún el tallo!

Esa es la voluntad del aire,
comunicantes moléculas
que susurran en la oreja,
y descienden nubiles
en la preciosa fronda
de esta orquesta de abedules.

Un beso
despega en los labios
e inicia una incierta andadura,
¿en dónde la mejilla?

Una mano
injerta otra mano.
Un otoño
da pie a un invierno.
Un día,
cargado de quehaceres,
se prepara
para la inmensidad imprevisible:

las manzanas
en su voluntad de fruta,
las palabras
en su rito de garganta.

Y todo sigue, continúa,
en sonámbulo abrazo,
en geografías sin límite.

Atleta maratoniano

Como una hormiga atleta
recorro un camino diario de seis patas,
cuatro extremidades y dos fieros deseos.
Atropello la lentitud sin forma de los días
y voy gestionando dudas, amparándome
en esa fuerza febril
que da raíz a mi cabello,
savia a mis venas, lubricidad a la lengua
con que te nombro, y mesura
a las palabras con que me expreso.

A veces me pregunto
por las distancias que consumen mis huesos,
¿a dónde me dirijo?
y me parecen minúsculos espacios.
Los ojos son lujuriosos devoradores
de días, y el mar, el imposible punto
al que siempre regresamos.

Estoy callado

Estoy callado
y tengo cosas que decir.
Estoy mudo con mis libros,
y mis salmos.
Estoy callado
y se enfurecen las muelas.

Yo quisiera expresaros
mis creencias:
la fe en los altos eucaliptos,
las magias del teatro
y el amor, con sus estatuas
y sus lágrimas tremendas,
su bien, su mal,
desfiles de gestos y caretas,
sus flaquezas de niño,
con el epílogo ardiente
de la cama de hierro,
inmensidad serena.

Lo digo por los ojos,
mis dos alas atletas.
Lo digo en el silencio
de las tristezas lentas.

Estoy en vendaval
zurcido, en caracol.
Estoy para romperme,
armazón de arena.

Ilusión

Y si mucho amé,
la tarde me sonríe.
Y si mucho caminé,
agradece el sendero
la elocuencia del paso.

Despierto desnudo, perfecta
sensación del día.
La curva del vientre
solicita tacto, y el espejo
en su paciencia receptiva,
secuencias de los ojos.

Busco un acto puro, fijar
un acto de amor, perfecto.
Pero lo bello, como lo amado,
se resiste ante la vana
intención de preservarlo.

Y si mucho sufrí,
la piel recuerda
un pan bien horneado
en sus cortezas.

Inundación

A veces creo que eres
todos los nombres del mundo.
Que antes de llamarte
tu boca me contesta.
Que tu blancura son
palomas sobre tus pechos,
y la rosa del vientre
todas las rosas, una.

Me cuesta distinguir
mi sudor y el tuyo.
Tan cercanos estamos
que ya casi no soy nadie,
el clamor de una flauta
que tus labios besaron,
la arcilla del camino
que pisó tu pie liviano.

La hojarasca tan sólo
sabe de nuestra pena,
que es como un farol blanco
reclamando en la noche.

Tú, ayer, sola en tu sueño
adolescente. Hoy, invadida de amor
que es éxtasis y es muerte.

Quizás un día

Quizás un día vuelvas,
o te encuentres en tu mismo lugar
(grano de arena, semilla carbónica)
más cerca del vientre original,
y descubras las muchas simetrías
de la manzana, la pasión humilde
del tomate, la serena religiosidad
de los campos de olvidos.
¿Será, entonces, la tierra
el barro germinal?
¿Habrás, pues, sosegado
las cortantes preguntas,
las mortíferas cuestiones
que como hormigas constantes
trotan sobre tu santuario de sábanas?

Quizás ese día
se aburrirán tus preguntas
del giro de este carrusel,
y el cuerpo, todo materia,
elevará las carnes
sobre los pozos del alma.
No habrá forma fértil femenina
sino el rumor pálido de esperadas luces.

Sin desayuno

Sin desayuno apenas,
con las candelas devotas
sobre un mar de aceite, en la bañera,
me resigno a servir a los dioses sexuales
que me has mostrado.
No sabría qué mano o qué acertijo,
que manjar sacrificar
en el altar de lino o de caoba,
a quién rezar.

Camino entre los múltiples corredores
de este claustro de sábanas.
Busco una luz crepuscular,
más alta, más altiva.

Mi secreta amiga me pide
que pase el pan,
y con desidia me desvisto.
Ella me da un bocado seco.
Yo una dentellada húmeda.
Ella se abre en su cavidad lunar
y yo la sigo ciego hasta
caer exhaustos
en un sueño de atletas.

A la medianoche,
despierto ahíto de ciénagas

y grillos, oscuridad peculiar,
mi lámpara ciega.
Buscaré –me digo–
en la mañana transparente,
entre objetos seculares
y antiguos libros.

Sin desayuno apenas,
harto de su cuerpo,
comienzo a rellenar el calendario
de mis ajetreados húmeros.

Vuelta a los demonios

Vuelvo a vivir.
Mi ser ilusorio
me acosa con el codo
y despierto en la mañana clara.

Anticipo un día
rociado de sorpresas menores:
el confortante registro
del desayuno, la placidez
amancebada de los libros,
el lento quehacer
de los pucheros, entre otras cosas.

En un momento del día
regresaré, de improviso, a mis demonios.
Te nombraré. Me empaparé bilioso
de deseo. Y en el fragor,
buscarán mis brazos tu holgura,
las hebras rocosas de tus caderas,
el vientre musgoso.
Oh fidelidad ilegítima!

Vuelvo a morir.
La noche se recuesta
sobre la sangre abatida.
Volveré a mi sueño
en una red de erratas.

ENSAYO EN OTOÑOS

El sueño de los otoños

Hallo una imprevista primavera
en este otoño,
una ramita, una paloma
con mensajes de amor,
una brisa mañanera
entre los roncos ocasos.

¿Caben –me pregunto–
mis viejos tornillos,
mis repletos cajones,
los hígados biliosos
en la nueva aurora
de los ancianos olvidos?

Llamadme, convidadme
a la luz.
Ese es el sueño inmemorial
de los otoños,
la esperanza juvenil
de la muerte.

En el ensayo de "Meet me in Saint Louis"

Era la niña
con su falda de baile,
era un arco de ala,
cerezas en el aire.

Era un verso sencillo
en un papel errante,
una hoja fugitiva,
la alegría de nadie.

Eran palabras, canciones,
adjetivos susurrantes.
La infancia cerraba la puerta,
memorias discordantes.

Era mi amor, mi miedo,
la niña en encajes.
La niña que era niña
en mis brazos de padre.

¿Era verdad o sueño?
La niña seguía su baile.
La boca llena de fruta,
el talle libre de edades.

Ya casi ayer

Ya casi ayer,
casi hoy, gesto natal,
casi mañana.

Boca, casi diente
de leche, encía rala.
Efervescente la sangre,
mustio el deseo.

Ayer, casi tallo verde,
otoño hoy, hoja morena.

Primavera, natalicio
de todos los encuentros,
casi bodas de verdes,
repicar de la espiga en la pradera.

Casi hoy, casi mañana,
cargamento metálico
de sombras,
dulzura de la tarde
o la llegada.

¿Cuándo será el otoño
luz expectante?
¿Cuándo los brotes
tendrán señeras
y la impaciencia canas?

¿Cuándo el tiempo vendrá
literatura y el goce
inequívoca presencia?
¿Cuándo el ayer hoy
y el después locura?

El otro amor

A Lourdes Operé

Es el día el que canta, hermana,
es amor. Oye los pájaros
novicios del verano,
de plumas su alegría,
y en el patio un bullir
de vida untando la mañana.

Escucha, presta atención
a este instante efímero.
Los niños no aguardan,
allá se fueron con sus esbeltas tibias
y sus pasiones de hombre.
Aún no conocen el trepidar
de su pecho ni el furor de la lluvia,
la joroba de la iglesia ni la reciedumbre
del ayuntamiento, pero no importa.
Te han dejado con tus eneros,
con el vacío trajinoso de la cocina
como un mudo eco,
y los platos chirrían
al agruparlos en el anaquel
del recuerdo.

Pero oye ahora hermana
los avances del amor sazonado,

la perfecta gracia
de un día circular,
sin ayes ni reclamos,
día para mostrar el resplandor
de nuestros cabellos coronados.
Oye la voz serena, sensatez rotunda
de la conversación entre los álamos,
del gran día sábado descansando
en su perfecto calendario.

Daguerrotipo

En el retrato miro al hermano,
su gesto juvenil del ojo
guiñando al tiempo sus "buenos días"
para los días todos.

Está sobre el espejo y al mirarlo
de reojo, me asusto un poco
sorprendido por la continua
tozudez de mi entrecejo.

De memorias se llena el aire,
de perfumes y aguas de baño,
de lavandas la incierta
impudicia de la bañera.

Las manos jugando
entre las piernas y el agua caliente,
entre el esperma y la espuma.

Miro de nuevo su retrato,
marrón daguerrotipo,
su sonrisa triunfante de los años,
y por un momento, rescato
lo que puedo del olvido.

¿Dónde Madrid?

A Javier Herrero

Ya no serás una avenida
con tus palacetes alineados,
ni un paseo con acacias
y guijarros de río.
La larga tarde de las lagartijas
se llevó el último crepúsculo.
Madrid no será Madrid aunque
le queden otros atributos:
conglomerados del dolor y la sorpresa.

Al Oeste el Parque y la inconsciente
costumbre del sueño del Guadarrama.
Ya no seré feliz. Se ha abierto
la cajita de las protegidas
inocencias. Lo que era
está escrito. Y lo que queda
es el solemne sol de cardos
sobre las tapias blancas. Ya no será
infancia ni magia en los jardines.
Ya no canicas de cristal
ni besos en el parque. La memoria
parece de arena y la guitarra
repite vagamente esta copla huérfana:
Luna, luna madre en la gran plaza.
Amor y muerte en el mismo recinto.

Enigma del hombre

Piensa uno, en las mañanas,
libre del sueño itinerante,
en las preciosas geografías
que aguardarán el nuevo día:
cuerpos armados de belleza,
vocablos que engendrarán frutas,
frases necesarias,
esperanzadas cáscaras
con que se engalanan los minutos.

Piensa uno, al regreso,
con todo el peso de los cielos opacos,
en la doliente empresa
de los frágiles húmeros,
las traiciones de la carne,
la tozudez de la vida,
y se hunde abrumado
en el enigma del hombre.

Sin demasiada gloria

Todos saben, negándolo,
su último destierro.
Conocen también fechas fijas
de nacimiento,
del preciso atardecer,
de la cruz de la iglesia.

Dicen "yo nací",
"fui al colegio",
"tuve una novia".
Lo dicen cotidiano,
sin demasiada gloria,
como de golpe.

Se llaman, en humano,
Pedro, Andrés, Cecilia, Rosa.
Guardan los recuerdos
que más duelen o alegran
y muestran con fervor
las reliquias más propias.

¿Y Dios? ¿con quién se casa?
¿a quién le comunica su silencio?
¿Escribe, acaso,
mundial enciclopedia?

¿Decide partos, fechas
de defunción, encuentro
en los opuestos?

Mientras, nosotros seguimos
con el misterio y las altas
intenciones. Entretenemos
los días celebrando el fin del año,
el feliz natalicio,
las bodas de Canaan,
la mañana llena de gracia,
que no es la nuestra,
pero que tiene alas blancas,
inocencia rotunda,
música de campanario.

Porque yo nací un día tosco
de octubre y no me acuerdo.
Enterré a mi padre
y se me enmustia la boina.
Amé a una chica rubia
y enfermé del recuerdo.
Recé sin ser oído
y cavilé. Quedeme cavilando
metido en este enredo,
laberinto de amores y de datos,
interrogantes yacientes
en horma de zapato.

Que yo nací un día,
es por seguro. Que moriré
despacio, es cosa grave.
Que me iré sin respuesta,
bien lo intuyo.
Alegremos, pues, la barba,
amigo Tico,
y vivamos en hombre.

Doble vida

Un gato es el silencio
de nuestra doble vida.
El perro viscosea su impaciencia
y proteje la casa, su olor
intrauterino.

En la calle merodean abrazos,
en los portales de bodegas
rancias y al resplandor
lascivo de los adoquines ebrios.

Parado al borde de la cama
velo tu ausencia.
En la ribera opuesta, tu sombra
juega con los perfumes.
Inmortalidad de la memoria
en la íntima andanza
de nuestros mejores besos.

Quiéreme, regrésame!
¿Me percibes aún en la horrible
lejanía inicua?

Restringido amor

Ay qué dulce es la distancia
y muero por tu cercanía.
Se lo decía a mi querida amiga
en el teléfono, y de improviso,
asomaba a la puerta del otoño
con su barriga de besos y de hijos.
Se desvestía, la veía
desvestirse en la luna del espejo,
(sus cuatro pechos sagrados,
sus dos piernas nupciales al acecho)
y se hincaba en la playa harinosa
de nuestros temidos sueños.

Al despedirse, aceptando
de nuevo el compromiso,
nos dolíamos de las vidas,
pequeñas vidas de Neruda,
de los adioses de pañuelos
con lágrimas melifluas,
que no son tan saladas,
aunque dejen también
tajos en las mejillas.

Nos preparábamos, entonces, a las cartas,
al otoño de las estampillas,
las corridas al buzón de los correos.
Sus manos, como anillos delirantes,

escribiendo, zurciendo en pergaminos
el amor, el restringido amor,
crepúsculo futuro de nuestras
secretas llaves para abrir,
entrar en los abrazos
y regar de sudores las alcobas.

Para escribir, al fin,
la travesura del amor
prohibido de manzana,
sin reflexiones técnicas.
El amor como contexto indescifrable
en la gran mortaja del sexo.

Decepción

Apenas desperezado,
en delantal aún
por la fiesta de la carne,
vislumbro que las cosas
ocurren de otro modo
a la ficción con que el sueño
las disfraza. Mi hidalga
fantasía.

No quise entonces
enturbiar el espejo,
zaherir la línea del teléfono,
ensangrentar la carta,
pretendiendo, a fin de cuentas,
la claridad antigua del amor.

En los cristales desayunaban moscas,
olas pequeñas jugaban
con los arcos del pie,
cosquilleos del jabón.
Un olor a calle, a pavimento,
a adoquín, reinaba
sobre la taza de café mudo.

La dolorosa incertidumbre
encorbataba mi angustia.
¿No habrá resurrección,

tiempo de gloria,
angélica alborada?

Yo, que conocí de trigos,
dorados mástiles
y altos eucaliptos.

Yo, con un disfraz
de ángel.

Tierra y mar

¿Fue el mar, o el mar
que yo quise acomodar
al arco de mi mirada,
el mar en dulces cubos de arena
filtrándose elusivo como
ilusorio preludio?

¿Fue el mar,
o fue quizás la mar?
Un mar de rayos y tormentas,
violento como un pecho
de veinte años,
infinito y eterno como la muerte
imposible de los niños.

Nunca supe señalar la ola exacta,
el pez preciso ahogándose en la orilla.
No conté conchas ni coleccioné medusas.
El mar fue siempre la copa de magma,
el abanico acuoso, la olla
profunda de los misterios,
la dulzura salada
de los momentos sin tiempo.

Más adentro, la tierra hablaba
de sudores concretos,
de huesos blanqueándose

al margen de los cardos,
de lugares de tapias de orines,
del dolor impotente de las rejas,
de llantos supurando,
de la otra realidad,
de la muerte hermana.

Naturaleza

Ocurre aquí abajo
con ese ritmo lento
de un remoto rumor,
con la ligereza de un eco de brisa.

La tierra exhala su sabor a horno
en donde todo, quedo, se cocina.

En la parrilla del desierto
se tuestan arenas y antiguas estrellas.
Escarabajos pululan y
se entierran expectantes
al amor de las sombras.
Flores y semillas se transforman,
mientras que vientos maternos
esparcen por los herbazales
un toque de pimienta,
una brizna de sales.

Ocurre todo
con ese ritmo lento
de la materia engendrante.
Naranjales floreciendo,
palmas rasgando los mares.
Cocoteros que algún sencillo dios
trajo de donde no se sabe
y germinaron en estas playas

y aquéllas. Aquellos
animales grandes se dejaron morir
en sus tristes siestas,
mientras que los mosquitos,
impertérritos, se adueñaban
de los cenagales.

La resaca del tiempo
y el llameante horno
de las tardes, cambió
las altas rocas
en sencillos telares.

La honda noche de los siglos
fue iluminando en mitad de la sangre.
Y el hombre, remoto, fiero a veces,
con sus párpados temblantes, rezó.
¿Quién pudiera perdurar entre
las plumas y los altos aires?

Sentir vegetal

Observa cómo te miran las cosas
en tu cuajada ignorancia.
Cómo contempla el paisaje
tu territorio diminuto,
tu cubilete de apretados designios.

Mira cómo el invierno, levantándose
en su frío, te protege,
pequeño hombrecillo
en tu ignorancia de vaciadas pulpas.

Cuántas otras consideraciones,
metalúrgicas, diplomáticas,
filolingüísticas, ocupan
el rencor de tu dicha.

Pero, presta atención al aire,
sus alas de flautas soñadoras,
su profesión viajera.
Escucha la susurrante quietud
de la piedra, la alegría de las hojas
de los dorados abedules.

Son señales fieles que nos regresan
al origen, que nos hacen sentirnos
más allá del cuadrúpedo. Quizás
es tan sólo un sentir vegetal,
emocionado.

Cordura de la tarde

La cordura de la tarde
dominaba el crepúsculo
y lucía tenue
con humildad maestra.
¡Qué destreza del gris
sobre los médanos verdes!

El cuerpo,
en su frágil estructura,
temblaba a la espera
de un momento fortuito,
¿feliz quizás?, sereno, azul,
radiante coloquio
del pie y el camino,
la uva y el diente, el infalible
encuentro de los opuestos.

Se veía, se podía ver
la pericia de la tarde,
anciana artesana,
sosteniendo una caterva
de cielos y humos heroicos
junto a la pesadez profunda
de los adioses.
Terrible acto
que en vano eludimos.
Porque ahogados de vuelos
de polillas, nos esforzamos
torpemente en el placer
del instante.

Fiesta barroca

Esta es la textura impía del otoño,
sus fervientes colores efímeros.
Casa de la justicia
del último juicio,
arboleda de hondos esqueletos,
vestidura de un sueño
y una frágil copa de agónica
melancolía.

Tiempo fugaz
de belleza arcaica.

Fiesta barroca del color
y las exhalaciones.

Venid, he clamado, a sosegar
mi vulnerable corazón
en esta tempestad de hojas.
Miradlas al aire, en el aire,
coronando el laborioso otoño.
Irresoluble ecuación del corazón
que siempre resistió
la más breve de las despedidas.

La última acrobacia

Hoja,
la ya no insigne
abandonada hoja,
gallarda aún
en su cerviz rojiza,
ondulada,
graciosa un instante,
huérfana pronto
sobre los rastros orgánicos
del cementerio de otoños.

Hoja incierta,
a punto del derrumbe,
todavía unida
por umbilicales lazos
a la rama hermana,
al tronco paterno,
a las maternas raíces.

Hoja aviadora
en su última acrobacia,
siente la palma caliente
de la tardía brisa,
respira, con su pulmón quebrado,
el polen ferviente del otoño,
el olor a bellota
y nuez madura, a baya gozosa.

Hoja galana,
salta sobre el vacío
del último vuelo,
aceptando elegante
el trazo inequívoco del tiempo
sobre un océano de colores.

Ya me voy

Ya me voy, geranio,
y tú te quedas en la cruz
de la tarde, vigilando
balcones y acechando
a las gentes.

Ya te digo adiós, verano,
aquí te dejo
con todo tu esplendor
y noches cálidas.
Te veré en abril,
cuando despiertes
de tu sueño invernal.
¡Cuántas quejas te escucharé
en enero!

Me voy, que es mi materia,
con sabor de fruta,
sereno y triste.
Hay siempre que ensayar
estos adioses
que es difícil el duelo
y la derrota.

Adiós mi niña dulce,
mi amor en brasas.
Los besos sobre el fondo
del crepúsculo.

Si fuera un ángel
te enviaría soles
y azucenas celestes,
caricias de padre.

Adiós momento aquel,
nubes sin cielo.

De la tarde a la tarde

De la tarde a la tarde
alguien, lúcidamente a ciegas,
escribe "jubileo o demencia".

Escribe "cielo" y se alarga
el crespón del firmamento,
pureza lejana cuando el alma
se ha roto en retirada.
Escribe "amor" y una amargura extraña
asoma su cóncava cabeza, se embelesa,
o llega en delantal
de fiesta carnal y el botón
de roja dicha.

Escribe, también, "equivocación",
con verde, con pradera,
con alegría de animal libre,
con miedo de niño herido.
Anota, "absurdo", "enredadera",
cuenta de años sin dios,
lógica humana, que es ser "cielo",
"amor", "absurdo error",
voluntad de luz y muerte.

Vientos del Tungurahua

Bien peinada
la tarde en los jardines
y en los senderos,
agrias reuniones de idas,
tristes recuerdos.

En el paisaje,
sandalia del que fue tu pie pequeño,
caminos que recorrimos,
pantorrillas, cuerpos expuestos
al amor, desnudos cuerpos.

Despeinada está la noche
de arbustos y obscenos miedos.
En otro lado
la luna peina paciente
las crestas del mar abierto.

¿Habéis llorado?
está mojado tu pecho,
¿Habéis escrito –quizás–
caligrafías de huesos, osamentas,
pieles que con el tiempo
claman la mano y la espalda,
calores de ciertos besos?

Tungurahua dormía.
Perdida entre las estrellas
la luna se corta el pelo.

Réquiem a un árbol

Barroca y postrer corteza
de un árbol viejo, tronco sin nombre.
Estatua muda que arrugó
el ventoso transcurrir
de los nubosos cielos.
Te veneran resmas de insectos
del océano profundo del bosque.

Tronco de monótonas miradas,
cómo te tumba
el vendaval de pájaros,
cómo te coronan
las desancladas hojas,
cómo te escalan
el gusano amigo, la hormiga
migratoria, la oración terrible.

Sentado en las tranquilas horas
de la tarde te escribo
este réquiem por tus sedientos veranos,
por los duros inviernos,
por el amor fugitivo
del otoño, por la eterna
e irreal primavera.

En el otro hemisferio

Porque hay días
en que me sorprendo mitigando
la acidez de mi tobillo,
mis malos humores craneanos,
amancebados en mi infidelidad legítima.
Me pillo atravesando un mar ignoto,
un equinoccio de lunas.

El último verano˙
me sorprendí en un resplandor frío
y prometíme —en realidad fue un juramento—
caricias de madreselvas,
noches repletas de estrellas.

Tú ya no estabas, mujer.
Te fuiste beso a beso en tu incordura.

Me prometí las cantidades más finas
y los placeres más simples.
Es por eso que algo extrañado me observo
al otro lado de todos los prismas,
en la parte equívoca,
dudosa, del otro hemisferio,
el más flaco, más calvo,
más turbio, más incierto,
y me pregunto
una pregunta universal,
crepuscular, sublime.

Examen cardiovascular

Este corazón late a empellones,
acumula amenazas, que son taquicardias
o golpes del alma.
Digo del pecho, que el alma
está esparcida entre la biblioteca
y la bañera, el cuerpo desnudo
y la cabeza en sus trajines.

Pero para el corazón
tengo una venda postrera
y el libro de la sangre,
rojo de felicidad o trauma,
coronación del amor
y zumbido de las alas,
o son quizás bajas pasiones
de un dios con un tambor aventurero.

Tengo ahora contadas
arterias y carótidas.
Mas en el pergamino de la vida
el cálculo es bien otro,
memorias que se caen y se rompen,
reproducción sonámbula
al ritmo de este corazón
con sus sístoles y diástoles.

Café con leche

En este tazón primero bebía
leche de blanca amanecida.
El cuenco de barro se ofrecía
y las tripas tiernas
se agitaban con la emoción
de un día limpio, lactoso,
de clara alegría.

Café, más tarde, negro
de reflexión y tristeza del alma,
para despertar, no sé a qué,
aguijón que te empuja al nuevo día
con azúcar y alas,
zapatos andariegos
de inevitables quehaceres.

Tazón redondo con café,
con tiempo nublado,
con noticias, tibias noticias,
indiferentes noticias,
noticiosos exabruptos
y café con leche
para la gran mañana
de los despertares todos.

Mañana huérfana

Mañana como un pozo vacío.
Mañana inútil en que nada
comienza sin haber muerto.
Mañana que se fue en la corriente
hilvanada de nuestros brazos.
Oscilación desde el centro.
Instante primordial.
Lecho vacío.

Mañana que despierta
del sueño mortal del amor.
Mañana que se cae y se rompe.
Mañana en silencio.

Alguien, lejos, susurra,
pronuncia frases que se estrellan
en las rejas bajas de los dientes.

Mañana huérfana de mañana.
Alto enigma. Bajo vuelo.

Un sol de otoño

Al fin me viene un rostro.
Cuando más falta me hacía
me llegan unos labios
con sus tiernos, delicados tonos.
Claro el del cielo, el de abajo rojo.

Llega con sus ropajes de oro
quizás desde una estrella
o de un andamio.
Me da un pincel, una acuarela,
una caja de luz y me cautiva.
Me dejo cautivar
porque falta me hacían
sus diez rayos piadosos.

Me llega un sol de otoño.
Se me abre el día.
Me invisto de diademas.
Dibujo un valle.

Navidad

La muy tierna, la muy ingrata
navidad. En la rampa final
de un año, el otro otoño.
Trescientos sesenta y cinco golpes
y un gato navideño acurrucado
en diciembre, con nieve o con estragos.

Llegan las tiernas demandas
de los abetos del norte preñadas
de preludios: ángeles colgados,
papás noeles colgados, bolas brillantes
girando en la docilidad de las ramas.
Llegan los belenes, los reclamos
y el hondo silencio del último diciembre
colgado en todos los tejados.

Navidad, ya sin primavera,
sin espuma en los jardines, sin sol
de mayo. Nos recogemos al calor
de otro fogón y festejamos.
¿Navidad de quién?
¿de la noche de estrellas? ¿del abeto adornado?
¿del paisaje solícito? ¿del niño cristiano?
Quizás navidad de todos los hombres,
con su rosa de hogueras
y algo de antiguos rituales:
bufandas, villancicos y nostalgias,
turbias nostalgias descendiendo
a trompicones a los tobillos del año.

Paisaje de la muerte

A Jaime Santodomingo

Porque en el mundo matan a cada rato.
A cada lapso, con el gemir del mundo,
una voz dulce deja de oirse
entre abedules y nardos.
A la misma hora en que te escribo
con todo mi dolor sobre los brazos,
cuando una vaca se desploma
ciega de sangre sobre sus cortos presagios
en el pasillo oscuro del matadero,
asesinan a dos bombas en Sarajevo,
mientras otros se dejan morir
en sus rectos renglones sin ser muertos.

Mueren a los que aman,
a los que se despiertan en sus claras ventanas
con un cáncer en el bolsillo o el dolor incierto,
terrible, del que se olvidó sazonar la vida
y ésta se le secó entre las piernas,
a pleno sol, en un día de vinos y festejos,
sin saber porqué, sin un aviso.

Asesinan a montones en las calles
sin necesidad de que oscurezca.
Matan por no mentir, por no medir
la injusta medida. Por miedo,
sin otra mediación, en lenta calle.

Matan a otros niños,
en libertad de nadie, sin voluntad,
sin darles un juguete, una entrada a la vida,
en sus tiernas rodillas, de rodillas,
con la cabeza en el hambre,
irremediablemente,
cuando en las calles del mundo
vendimian cunas y quirófanos.

Matan antes de nacer, en sosegada vida,
y después de la muerte.

Tardía orfandad

Mi padre duerme eterno
su sueño de moneda.

Si hay algo de él
que aún nos convoca
es su cuerpo de corteza,
sus labios de granito.

Mi madre es una nube
de ternuras y llanto,
un suspiro encontrado
entre muchos olvidos.

Ay, qué soledad ésta
de piedra y desvaríos.

Amar eternamente

Vejez sin memoria ni amor,
¡cuánto martirio!

Juventud sin termómetro
ni dios. El sexo en la arboleda.

Ay, de tanto desear
se conmueven las semillas.
De tanto amar,
amargamente,
a mi padre, mi esquiva paz,
mi fugaz cielo.

Ay del amar, amar,
eternamente.

Variaciones para una incógnita

¿Y si no fueran las sombras?
¿Y si nunca lo he soñado?
¿Y si es alto, más alto?
¿Y si tierno, tan tierno
que envuelve, anida,
trepana?

¿Y si es ancho, múltiplo,
señor de todos los heridos,
propietario último de los muertos?

Y si es todo eso, ¿en quién creeré?
¿con quién compartiré mi desayuno?
Y las tardes de abril, ¿a dónde
nos iremos, mano en mano
y alegres? Digo, alegre,
y se llena la boca de deseo,
inminencia y gozo.

Y si llega sin aviso,
¿qué almorzamos?
¿en qué lecho rendimos
nuestros sueños? ¿cuántas noches
en vela, cuántos años?

¿Y si llama a la puerta
y no tengo húmedos los labios

ni cosida la colcha?
Y si ando en mis trajines,
¿pasará de largo?

Porque dicen que es puro,
primordial, magnánimo.
La esperada voz,
la carne contra la duda,
la decidida presencia.

¿Y si llega cuando no estoy?
¿Y si nunca llega?

Verbum ❦ POESÍA

Títulos publicados:

GRASSA TORO:
De las pérdidas la cuenta
GASTÓN BAQUERO:
Poesía Completa
VÍCTOR MONSERRAT:
Amiga soledad
PAULO A. LIMA DA CRUZ:
Remolinos del tiempo
MANUEL MARTÍNEZ MALDONA-
DO:
Hotel María
Finalista Premio Gastón Baquero 1998
CHUNSU KIM
Poemas
H. BARRERO:
In tempore belli
Premio de Poesía Gastón Baquero 1998
HJALMAR FLAX:
Poemas de la bestia
STEVEN F. WHITE:
Fuego que engendra fuego /
Fire that Engenders Fire
JUAN RUIZ DE TORRES:
Herencia
FERNANDO OPERÉ:
Salmos de la materia